photo talk story

포토 story

마음의 주름살을 펴주는 책
포·톡·스

글/사진 **한종인**

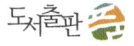

목차

1부
꽃

- 만첩풀또기 · 012
- 모시옷 접시꽃 · 013
- 접란초 · 014
- 백목련 겨울눈 · 015
- 정절의 꽃 · 016
- 구린내가 나는 꽃 · 017
- 자두 꽃망울 · 018
- 희망의 꽃 영춘화 · 019
- 뽀리뱅이 · 020
- 메밀꽃 · 021
- 살구꽃 봉오리 · 022
- 머위꽃 · 023
- 문모초 · 024
- 매실 꽃망울 · 025
- 산괴불주머니 · 026
- 낙화 유서遺書 · 027
- 풀밭의 작은 별, 별꽃 · 028
- 버들꽃술 메시지 · 029
- 바위취꽃 · 030
- 으름꽃 · 031
- 꽃 손님 · 032
- 봄비 · 033
- 큰구슬붕이 · 034
- 돌단풍 · 035
- 꽃마리 · 036
- 더벅머리 지칭개꽃 · 037
- 쇠불암꽃 · 038
- 자주달개비 · 039
- 타래난초 · 040
- 고광나무 · 041
- 어머니 사랑꽃, 아욱꽃 · 042
- 선개불알풀 · 043
- 매발톱 · 044
- 만첩빈도리 · 046
- 주름잎꽃 · 047
- 작두콩 꽃 · 048
- 노란 물감 애기똥풀 · 049
- 벌레 먹은 꽃(?) · 050
- 설악초 · 051
- 며느리밑씻개꽃 · 052
- 칡꽃 · 053
- 매실 꽃망울 2 · 054

Contents

'포톡스' 책을 내며 · 008

고마리 · 055
초록별 꽃받침 · 056
핫립세이지 · 058
알통다리꽃하늘소 · 059
미국나팔꽃 · 060
로즈메리 · 061
참나물꽃 · 062
고추꽃 · 063
보리지 · 064
원추천인국 · 065
산국山菊 · 066
철 모르는 개망초 · 068
보리수꽃 · 069
'칫솔꽃' 꽃향유 · 070
동부꽃 · 071
달맞이꽃 로제트 · 072
물레나물 꽃봉오리 · 073
춘설 · 074
화중화花中花 · 075
냉이꽃 · 076
큰꿩의비름 · 077

호박꽃 · 078
호호백발 · 079
참깨꽃 · 080
수줍은 꽃봉오리 · 081
따꽃 씨주머니 · 082
영춘화와 개나리 · 083
차풀꽃 · 084
꽃보다 열매 · 085
망할 놈의 풀 · 086
꽃보다 꽃봉오리 · 087
참깨꽃 2 · 088
금낭화 · 089
홍도화 사열대 · 090
박주가리꽃 · 091
벌레야, 꽃이야? · 092
서리꽃 · 093
꽃 흉내 · 094
버들강아지 · 095

목차

2부

자연

순筍 · 098
봄 · 099
봄의 신호 · 100
술꾼은 아니지만 · 101
서릿발 · 102
앵두 · 103
실베짱이 · 104
냉이 · 105
고요한 밤 · 106
행성 · 108
그건 아니야 · 109
음나무 · 110
사자머리 해안절벽 · 111
시어골 거북바위 · 112
매미날개 단풍씨앗 · 113
생기 · 114
누렁이와 곰돌이 · 115
물구나무 세상 · 116
가는 세월 · 117
유리창에 그린 수채화 · 118
선비 흉내 · 119
갈매기 벤치 · 120

상추가 보디가드? · 121
억새의 춤 · 122
낙숫물 소리 · 124
동행 · 125
뿌연 하늘 · 126
너랑 나랑 · 127
얼음과자 · 128
생명력 · 129
인연 · 130
따끈한 행복 · 131
배반 · 132
산그림자 · 134
대보름 달맞이 · 135
시어골 공소 · 136
무당거미 · 137
해빙 · 138
민들레 홀씨 · 139
'화和' 자로 담은 새해 소망 · 140
희망 · 142
한반도 상황 · 143
정락봉 · 144
태화산 화산 · 145

Contents

숨은그림찾기 · 146
쇠무릎 · 147
뽁뽁이 방한복 · 148
생선 머리토막 · 149
시어골의 잠 못 이루는 밤 · 150
입춘 · 151
배고픈 백로 · 152
햇살 · 153
상상 여행 · 154
사공 많은 배 · 156
산너머 북촌에는 · 157
상냥이 · 158
로봇 태권브이 · 159
새가 된 날 · 160
회춘비타민 · 161
돌대가리 아저씨 · 162
이색기二色旗 · 163
사랑의 음표 · 164
저게 뭐지? · 166
맘마까까 · 167
추수 · 168
꽁꽁 날, 파란 날 · 169

손녀의 시샘 · 170
이불 걷은 노곡천 · 171
하늘 파란 날 · 172
피아노 계단 · 173
'상상초월' 초월역에서 · 174
미운 손님 · 175
곰과 도미 · 176
물구슬 · 178
술도둑 · 180
방아깨비 · 181
목 없는 백로 · 182
카르페 디엠 · 183
댑싸리비 · 184
무모 無謀 · 185
떫은 감 · 186
박주가리 털 · 187
허영심 · 188
봄바람 · 189
잣나무의 시위 · 190
공물 貢物 · 191

작가의 말

'포톡스' 책을 내며

"포톡스? 포톡스가 뭐지? 보톡스도 아니고…" 책 제목을 고민하다 얼굴의 주름살을 펴주는 보톡스에서 착안, 마음의 주름살을 펴주는 책 '포톡스'라 지었다. 포토 톡 스토리(Photo Talk Story)를 줄인 신조어다.

'포톡스'는 '읽는다기'보다 '보는' 것에 의미를 두었다. 요즘 SSG라 써놓고 '쓱'이라고 읽는 모 백화점의 광고처럼 그냥 쓱 볼 수 있는 분량이다. 적어도 읽는데 따른 부담을 주고 싶지 않아서다. 전원의 삶에서 마주하는 꽃과 자연을 이야기 소재로 삼았다.

스마트폰의 진화가 갈수록 손쉽고 간편한 즉통卽通 시대로 소통 방식을 바꿔놓았다. 카톡이 그렇다. 미디어 환경의 변화에 맞는 SNS 활용은 어떠해야 할까? 지금은 이미지 시대다. 글로만 전하는 메시지보다 사진을 함께 활용하는 톡을 권하고 싶다. 사진은 글보다 더 빠르게 감상을 전달하고 미처 글로 표현하지 못한 느낌을 대신한다. 마음에 와닿는 명언이나 한 줄 시처럼 간결한 글이 좋아 일부러 짧게 썼다. 그렇다. 짧기라도 하면 너스레는 피할 수 있지 않을까. TV 드라마 '미스터 션샤인'의 대사가 그랬다. 울림을 주는 글에 밑줄을 치거나, 좋은 글은 다시 읽고 새겨두는 것처럼 옮기고 인용하는 데도 짧아야 편하다.

폰 화면에서 다음 글을 보기 위해 화면 터치가 있으면 부담을 준다. 압축, 함축한 시어처럼 가급적 짧은 것을 권하고 싶다. 바쁜 세상 아무튼 길면 부담이다.

"카톡, 카톡~!" 남의 글이 판치는 대화방. 이 사람한테 온 내용이 저 사람에게서도 온다. 스티커나 딱지(?) 같은 이미지가 도배된다. 남이 보낸 글이나 사진을 공처럼 토스하고 패스하는 선수들이 많아서다. 이것이 카톡방 풍경이다. 식상하다. 나만의 느낌을 전하고 싶어 시작했던 소통 방법으로 포토 포엠 형식을 취했다. 주름살을 펴준다는 책을 표방했지만 민낯 같은 글이 무안해서 어쩌면 사진이란 색안경을 쓴 셈이다. 사진은 전부 폰으로만 찍었다. 피사체가 동물일 때 망원렌즈의 아쉬움 빼고는 별 무리가 없다.

이 책은 인터넷신문 '인터뷰 365'에 연재한 '한종인의 시어골 편지'를 엮은 글과 사진이다. 이미 디카시詩가 새로운 장르로 자리 잡았지만 낯선 제목 '포톡스'에 대한 궁금한 수군거림을 듣고 싶다.

2019년 초가을, 화연당에서 한종인

1부

자세히 보아야 예쁘다
오래 보아야 사랑스럽다
너도 그렇다.

- 나태주 시인 '풀꽃' -

만첩풀또기

빨간 봉오리
만개하면 연분홍으로
겹겹이 다발다발
만첩萬疊풀또기꽃
아름다운 봄날
첩첩 꽃잎처럼
즐거움 또한 만첩이어라

모시옷 접시꽃

가만히 있어도
온몸에 땀이 주르르
후텁지근한 날
접시꽃이
시원하게 속이 비치는
하얀 모시옷을 입었다
나도
모시옷 한 벌 있었으면…

접란초

접란초가 활짝 웃습니다
꽃을 보면 마음이 펴집니다
소소한 일상의 행복이
꽃으로 피어납니다
미소는 얼굴에 핀 마음꽃입니다
마음안에 꽃을 가꾸세요
철 따로 없이 늘 환하게…

백목련 겨울눈

꽃눈이 얼까 봐
배자褙子를 입고
겨울을 나는 백목련
봄이 오면
털조끼 안에 접어 둔
무명 치마를 입고
맵시자랑을 한다
개화 며칠 뒤 금방 떨어지는
단명팔자를 모른 채…

정절의 꽃

뿔이 난 듯
바늘잎을 세우고
솔순 끝에 핀 소나무꽃
지조와 절개가 보인다
살랑살랑 봄바람에도
고슴도치 같은 바늘로
자신을 지키나 보다
그래서 꽃말이 정절인가

구린내가 나는 꽃

꽃과 열매는 고운데
냄새가 고약해서
별명이 구릿대나무
고혹적인 자태에
주목받는 시선과 향기의
부담이 싫어선가
구린내를 풍기는 꽃
누리장나무꽃

자두 꽃망울

자주색 복숭아
자도紫桃가 자두로
옛말은 오얏
봉긋한 꽃망울이
터지기 시작한다
갓끈 고쳐쓴다 한들
오해는 없다
꽃 본 것 뿐이니…

희망의 꽃 영춘화

돌담 아래로
영춘화迎春花가 핍니다
사각 나무젓가락 같은
초록줄기 마디마디
노란 꽃을 매답니다
'희망'이란 꽃말대로
겨레와 한반도에도
희망의 봄이 왔으면…

뽀리뱅이

다문 입술 사이로
빨간 혀를 내밀 듯
들꽃 뽀리뱅이가
세상 밖으로 나오면서
홍조를 띱니다
고들빼기 사촌으로
노란 치마차림이
꽃말대로 순박합니다

메밀꽃

"차압쌀떠~억, 메밀무~욱"
겨울밤 골목길의 메아리,
들녘에 바람이 불면
하얀 파도가 일렁이던
메밀밭을 보면서도
눈에 담지 못한 꽃
들여다보고 나서야
메밀꽃 고운 줄 알았구나

살구꽃 봉오리

연분홍 치마 속에
얼굴을 감춘
살구꽃 봉오리가
수줍은 새색시를 닮았다
곱다
참 곱다
부끄러워하는 모습이
더 예쁘다
활짝 피었을 때보다도

머위꽃

가꾸지 않아도
풀밭에 절로 자라는
각종 나물이 천지다
밭 일부를 풀밭으로 둔다
애써 농사 짓지 않아도 되는
이른바 태평농법이다
그중 머위가 으뜸
효능만큼 꽃도 특이하다
팽이버섯말이 같은
꽃 속에 또 꽃이 있다

문모초

그냥 풀로만 여기는
앙증맞은 문모초꽃
이리 고운지 누가 알까
한 움큼씩 쥐어뜯지만
꽃이 아까워서 주저주저
잠시 소홀한 틈
금방 다시 풀밭이 된다
잡초의 강한 생명력,
내 몸이나 너를 닮았으면…

매실 꽃망울

동글동글하게 뭉친
매실 꽃봉오리가
곧 터질 듯
모진 겨울을 감내하며
맺힌 응어리
부푼 꽃망울이
적삼을 여미는
방울매듭을 닮았다

산괴불주머니

옛 어린이들의
주머니 끈 끝에
차는 노리개
괴불을 닮은 꽃
산괴불주머니
산지의 습지에서
줄기와 잎을 내밀고
서둘러 봄을 마중한다
보채기라도 하듯

낙화 유서遺書

활짝 핀 백목련의
우아한 자태가 눈부시다
가장 아름다울 때
미련도 주저함도 없이
낙화암의 궁녀가 된다
짧은 생을 마감하며
이루지 못 할 사랑의
처절함을 유서로 남긴다
벗어놓은 소복에

풀밭의 작은 별, 별꽃

이른 봄 밭이나 길가에서
흔히 보는 잡초 별꽃
꽃이 어찌나 작은지
마음에 없으면 보이지 않고
일부러 보려고 해야
비로소 보이는 꽃
별꽃은 밤하늘의 총총한 별처럼
풀밭에 뿌려진 작은 별이다

버들꽃술 메시지

찬찬히 들여다 본
버들꽃술
무수한 꽃술 끝에서
저마다 하트를 날린다
"사랑해요~"
아름다운 생명의 봄
버들꽃술 메시지처럼
사랑이 꽃피는 날 되세요

바위취꽃

꽃적삼 밑에
하얀 단속곳 차림
바람을 타고 춤을 추는
바위취꽃
꽃잎 위 아래가
영 딴판이로구나
그런데
하늘거리는 집게발로
꿀샘을 지킬 수 있을까

으름꽃

으름꽃망울이 터진다
토종 꽃이다
남과북 사이에도
희망의 꽃이 활짝
겨레의 염원 담아
평화와 번영의 꽃도
활짝 피어나라
으름꽃처럼…

꽃 손님

골짜기에서 '졸졸졸'
봄이 오는 소리가 들리고
산수유꽃망울과 매화가
꽃봉오리를 터뜨린다
미세먼지 손님, 꽃 손님
가려 맞을 순 없지만
내 마음 속 봄꽃은
미운 손님이 가셔야 핀다

봄비

뿌옇던 미세먼지
비가 비질을 하고
꽃망울과 꽃잎마다
물구슬이 방울방울
여기서 '톡'
저기서 '활짝'
꽃잔치가 벌어지면
내 마음 꽃날이 된다

큰구슬붕이

종자 번식이 아니면
옮겨심기가
거의 불가능해
집에서는 기르기 힘든
큰구슬붕이
꽃말이 '기쁜 소식'
깊은 산속에서
큰구슬붕이를 만났으니
희소식이 있을까?

돌단풍

돌단풍꽃이 활짝
바윗돌 틈서 자라
돌나리라고도
단풍잎 닮은 어린 잎을
나물로 먹는다
꽃말은 생명력·희망
역경을 이긴 돌단풍이
꽃으로 희망을 전한다

꽃마리

잣냉이라고도 하는
아주 작은 야생화 꽃마리
말려있는 꽃차례가
태엽처럼 풀리면서 핀다고
꽃말이였다가 꽃마리로
꽃말은 물망초와 같다
'나를 잊지 마세요'
꽃마리도…

더벅머리 지칭개꽃

분홍색깔 지칭개꽃
엉겅퀴가 성게 같다면
지칭개는 삽살개 같고
더벅머리 모양이다
나비가 맵시를 뽐내며
지칭개한테 말을 건넨다
"내가 더 이쁘지?"
"난 빗질도 안 했는데…"

최불암꽃

하하 호호 히히
제각각 웃음소리
최불암은 '파~!'
활짝 웃는 파꽃 품으로
파고 드는 벌
간지러움 참다 못한 파꽃도
최불암 웃음을 터뜨린다
'파~!'

자주달개비

방사선에 노출되면
자주색 꽃이 분홍으로
돌연변이가 일어나
원전 주변에 심는
방사선 지표식물이란다
자주달개비의 변이가
나를 닮았구나
꼴불견에 낯빛이 변하는…

타래난초

새끼줄처럼 꼬인
초록 줄기를 타고
빙빙 휘감아 피는
타래난초
꽈배기 같은 꽃줄기
모아 모아 엇감아 꼬면
천국으로 올라가는
동아줄이 될까

고광나무

어린잎이
상큼한 오이 맛이 난다고
오이순나물로 불리는
고광나무
맛은 개운하고 꽃은 곱다
꽃의 고결한 분위기와
무명 같은 소박함이
내가 좋아하는 여인을 닮았다

어머니 사랑꽃, 아욱꽃

아욱하면 아욱국만 알았지
꽃이 있는 줄도 몰랐다네
몸에 좋은 아욱 된장국
자주 끓여주시던 어머니
아욱꽃 꽃말이
'은혜, 자애, 어머니의 사랑'
아욱국이 바로
어머니의 사랑이었구나

선개불알풀

들꽃 상당수가 그렇듯
얄궂은 이름,
선개불알풀
대체 누가 지었을까
앙증맞은 남색의 꽃
무수한 잡초 속에서
작고 여린 꽃대를
꼿꼿하게 곧추세운다

매발톱

꽃 위로 뻗은 꽃뿔이
매의 발톱을 닮아서
매발톱이란단다
색마다 다른 꽃말,
보라색 꽃은 승리의 만세

호랑거미가 매발톱에
거미줄을 치려나 보다
벌나비가 걸려들면
호랑거미도
만세를 부르겠지

만첩빈도리

겹겹이 흰 속옷 위에
겉에만 분홍을 바르고
줄지어 핀 꽃
만첩萬疊빈도리
첩첩 꽃잎으로 만든
먼지떨이 같구나
마음 먼지를
털어내는…

주름잎꽃

보라색 모자에
노란 나비넥타이로
한껏 멋을 낸 주름잎꽃
초미세먼지가
훼방을 놓는데도
매무새만 신경쓸 뿐
마스크는
안중에도 없구나

작두콩 꽃

콩깍지는 작두를 닮았고

꽃모양은 목재를 다듬는

자귀를 닮았다

식용 및 약용 작두콩은

크기가 여느 콩의 몇 배나 되고

몸집 만큼 약성도 좋다

노란 물감 애기똥풀

줄기를 꺾으면
노란 유액이 나오는데
아기의 묽은 똥색이구나
천연염료로 썼던
애기똥풀은 노란 물감
묻으면 잘 지워지지 않는
젖먹이의 똥물

벌레 먹은 꽃(?)

잘 익은
토마토만 골라
새들이 먼저 콕콕
물까치떼의 약탈로
속살을 다 내어준
빨간 토마토는
꽃(?)이 되었다

설악초

멀리서 보면
눈을 맞은 듯 희끗희끗
가까이서 보면
잎 가장자리가 하얗다
산에 눈 내린 것 같다고
붙여진 이름 설악초

며느리밑씻개꽃

수줍은 새색시 같이
고운 꽃의 이름을
'며느리밑씻개'라니
고약한 시어미의 심술이
줄기에 가시로 돋았구나
요즘 같았으면
갑질작명(?) 시빗감…

칡꽃

알 밴 칡뿌리와
칡순과 꽃 이로움 많지만
나무들에겐
벗어날 수 없는 공포다
칡넝쿨은 올가미고
수명樹命을 조이는 강도다
먹구름 같은 무성한 잎 속에
횡포를 숨긴 칡꽃

매실 꽃망울 2

볕이 따사롭다
동장군의 기세가 꺾이고
바람은 결이 다르다
봄이 오고 있다는 증표
매실 꽃망울이 터진다
단단히 여몄던
매듭이 풀리듯

고마리

고랑 도랑 개울
고마리의 동네서
꽃잔치를 벌인다
연분홍 봉오리가 '톡톡'
수줍은 아기씨의
환한 웃음 '활짝'

초록별 꽃받침

아침햇살을 받은
흰접시꽃의 뒷태가 곱다
수 없이 얼굴만 찍었지
뒷통수(?)는 난생 처음
납작한 접시꽃은
앞이나 뒤나
꽃술이 아닌 꽃받침도
꽃이나 진배없구나
초록별 꽃받침이…

핫립세이지

"저게 무슨 꽃이지?"
"꼭 닭 같네"
꽃보다 새를 더 닮은
'핫립세이지'
꼬꼬닭이
빨간 앞치마를 두르고
맵시자랑을 하는 듯

알통다리꽃하늘소

흔치 않은 진객
알통다리꽃하늘소가
미나리냉이꽃 위로
알통다리를 올린다
저러다 '미투'하며
신고하면 어쩌려고…

미국나팔꽃

이른 아침에 피었다가
해가 나면 오무리는
미국나팔꽃
아침에만 활짝 웃고는
이내 얼굴을 가리는구나
햇님을 부끄러워하는
수줍은 꽃

로즈메리

거실에 들여놓은 허브 로즈메리가
꽃을 피웠습니다
살짝 건드리면
진한 향기로 인사합니다
꽃이 없어 더 차가운 겨울
다독다독 따뜻한 격려는
사람도 꽃을 피우게 합니다
마음 안에 꽃을 피우고
주위에 향기를 전하세요

참나물꽃

깨소금보다 더 작은
앙증맞은 꽃
꽃이 작아 열량도 낮나?
육류와 찰떡궁합
대표적 산채나물로
살 찌는 것 걱정하면
친해야 할 나물
앙증맞은 참나물꽃

고추꽃

풋고추에만 눈이 팔렸지
고추꽃이 이리 고운데
무심하기만 했구나
순면 같은 순수와
소박함이 참 좋다
수수함에 눈길이 간다
그게 너 만의 아름다움이고
자랑이겠지

보리지

털북숭이 꽃봉오리
두툼한 털옷을 벗으면
얇은 속옷 같은 꽃
사랑스러운 보리지
식용 약용 식물로
우울한 기분 씻어준다고
'쾌활초'란 별명도

원추천인국

검자주색 털모자를 쓴
'루드베키아' 원추천인국
입술만 발라야 할 립스틱을
얼굴 절반이나 칠했구나
품바도 아니고…
어린 섬서구메뚜기가
원추천인국을 찾아 왔다
'영원한 행복'이란
꽃말을 어찌 알고?

산국山菊

갈변한 산야 군데군데
가을꽃 산국이 노랗습니다
꽃 주위로 '윙~윙~'
벌들이 분주하네요

황금빛 산국山菊은
꿀과 화분을 현물로
보시布施합니다

철 모르는 개망초

개망초가 흰꽃아닌
연보라도 있었구나
무슨미련 남아있어
때를잊고 피어있나
한겨울이 코앞인데
미련일랑 버려야지
사리분별 못하다가
꽃이얼면 어쩌려고

보리수꽃

얼핏 없는 듯,
그러나 있는
겸손하고 차분한 꽃
화려함 대신 수수함으로
드러냄 없이 덤덤하게
속세의 현혹을 피하려는
비구니 민낯 같은 꽃

'칫솔꽃' 꽃향유

이름부터 향기가 물씬한
밀원식물 '꽃향유'
"윙윙~"
향료로 쓰이는 가을꽃에
벌들로 장이 섰구나
꽃술이 한 쪽으로만 달려
'칫솔꽃' 별명도

동부꽃

긴 콩깍지 속 알갱이
강낭콩보다는 작고
팥과 엇비슷한 동부
양과자의 소로 쓰고
인절미를 동부고물로
신장과 위장 튼튼하게 하는
동부라 그런지
꽃도 튼실하구나

달맞이꽃 로제트

추위에 납작 엎드려
낮은 포복자세를 취한
달맞이꽃
엄동설한을 봄동처럼
앉은뱅이로 버티면서
싱그럽던 초록잎이
붉게 물들었구나
어린아이의 언 볼처럼

물레나물 꽃봉오리

꽃으로 빚은 편수片水
어찌보면 화和과자
노란 꽃봉오리 곱디 곱구나
활짝 피었을 때
잠시의 영화처럼
고운 시기 금세란 걸
꽃은 알까

춘설

꽃 피는 춘분에
춘설이 눈꽃을 보태기 한다
꽃망울이 터진 산수유
진달래 꽃봉오리
백목련 겨울눈에
잠시 고결함을 더하지만
금세 흔적도 없이
녹아 내린다
춘설은 뺄셈 천재다

화중화花中花

"심심산천에 백도라지~"
초록 세상에 하얀 별
도라지의 미소가 곱다
꽃 속의 꽃
백도라지의 꽃술은
화중화花中花다

냉이꽃

'당신께 나의 모든 것을 드립니다'
향긋한 봄나물로만 알았지
헌신적 사랑의 의미 담긴
멋진 꽃말을 지녔을 줄이야
앙증맞은 '봄색시' 냉이꽃을 보면
이장희 노래가 떠오른다
'나 그대에게 모두…'

큰꿩의비름

8~9월부터 꽃이 피어
연분홍에서 홍자색으로
가을엔 커피색으로
점차 색이 진해집니다
암석정원의 화단용으로
잘 어울리는 꽃이죠
척박한 땅에서도 잘 자라고
건조에 강한 '큰꿩의비름'
꽃말은 '희망, 생명'

호박꽃

누가 밉다고 했나
몸집만 클 뿐인데…
넉넉한 꿀창고 안에
겸상을 차릴 수 있는 꽃
후하게 내어주는
통 큰 호박꽃

호호백발

나무를 타고 올라간
덩굴식물 사위질빵꽃이
마치 눈을 맞은 듯
호호백발이 되었구나
사위 사랑 장모의
센머리처럼

참깨꽃

고소하기로 으뜸인 참깨
몸에 좋은 것 만큼이나
꽃도 곱고 참하다
"열려라, 참깨"
주문처럼 신비한 힘(?)
작은 참깨, 꽉 찬 효능

수줍은 꽃봉오리

겹겹이 싸매고 있던
작약 꽃봉오리가
여민 매듭을 풀며
홍당무가 되었구나
수줍음이란 꽃말대로
꽃봉오리 시절
마음에 둔 소녀와 마주친
내 얼굴처럼

따꽃 씨주머니

꽃이 지고 씨가 익으면
작은 점 알갱이
까만 종자를 털어내고
빈털털이 신세가 된다
마른 오징어 빨판 같고
어찌보면 빈 종지 같은
내 인생 2막 같구나
줄기끝 꽃자리에
바싹 말라있는 따꽃* 씨주머니

* 채송화의 또 다른 우리말

영춘화와 개나리

노란색 새봄을 알리는
영춘화迎春花와 개나리
같은 시기에 볼 수 있고
꽃색깔이 같아 혼동 예사지만
줄기가 사각형인 영춘화는
긴머리처럼 늘어지지만
개나리는 봉두난발蓬頭亂髮
한발 앞서 피는 영춘화가 언니로
멀리서 보면 형제꽃
가까이서 보면 남남인 꽃

차풀꽃

미모사처럼 수면운동
어두워지면 잎을 오무린다
차풀의 몸단속이
문단속 하듯 철저하구나
꽃말이 '연인'
연인에게는 예외겠지

꽃보다 열매

사철나무 열매가
이리 곱구나
적자색 둥근 열매
주홍빛 씨앗이
꽃보다 화려하다
열매가 참 곱다
꽃보다도…

망할 놈의 풀

너무 흔해 빠져
'개' 자가 붙고도
'망할 망亡' 자까지 붙었다
길가나 빈터 묵정밭은
개망초 천지다
'계란꽃' 별명을 두고도
오명을 벗지 못하는 개망초

꽃보다 꽃봉오리

봄꽃나무 가지 끝마다
봉긋봉긋
진달래 꽃봉오리가
곧 터질 듯
꽃보다 더 예쁘다
꽃망울 속에 담긴
꿈 보따리
꽃보다 꽃봉오리

참깨꽃 2

볶을 때부터 톡톡 튀더니
눈에 톡 띄는 꽃
너 참 곱구나
참기름집 앞을 지나노라면
코끝을 벌름벌름
고소함이 코를 세웠는데
꽃은 걸음을 세우는구나
참 참한 꽃, 네가

금낭화

갈래머리 소녀
말괄량이 삐삐를 닮은
금낭화가 피었습니다
연등처럼 줄 지어
꽃등을 밝히네요
월화수목… 줄줄이
환한 꽃날 되세요

홍도화 사열대

봄철 한 때
시어골 초입에는
만첩홍도화가 도열해
손님을 맞는다
빨간 꽃다발을 들고
열렬히 환호하는
홍도화紅桃花 사열대가 되어
드나드는 이의 마음을
사로잡는다

박주가리꽃

복伏 중에
두꺼운 털옷차림
덥지도 않나
해적(?) 불가사리가
꽃으로 환생한 듯
두꺼운 외투처럼
진한 꽃향기
박주가리꽃

벌레야, 꽃이야?

하롱베이에서 만난
꽃봉오리입니다
보는 순간 벌레 같아
자세히 들여다보니
눈이 아니라
진딧물이네요
좌우로 붙어있는 위치까지
인위같이 기묘해서
진짜 눈으로 착각할 정도

서리꽃

눈꽃 결정같은 서리꽃
햇님을 보는 순간
사르르 눈을 감는다
해가 나기 전까지
시한부 목숨
숨 고를 겨를도 없이
소멸이 한순간
자태조차 드러내지 못하고
미련도 여한도 없이…

꽃 흉내

빨갛던 과육이 쪼글쪼글
빛 바랜 노박덩굴 열매는
아직도 떨어지지 않고
꽃 흉내를 내고 있구나
탱글탱글 호시절 뒤로하고
빈 깍지만 남았는데
분가하지 않은 자식처럼
순리를 모르는 구나

버들강아지

복슬복슬
강아지 꼬리 같은
갯버들 꽃봉오리가
눈을 뜨려고 합니다
꽃샘추위 매서움도 모르고
맨 먼저 봄마중을 합니다
계곡물 따라 졸랑졸랑
버들강아지가
진짜 강아지처럼

2부

자연

자연은 우리를 위해 그림을 그립니다
매일 무한한 아름다움을 담은 작품을…

- 존 러스킨 -

순筍

새순이
새싹이
고개를 듭니다
경이로움입니다
생기입니다
순筍은
눈으로 먹는
보약입니다

봄

새싹이 고개를 내밀고
새순이 나옵니다
꽃망울이 맺힙니다
꼬물꼬물 파릇파릇
연초록 봄이 보입니다
생기 가득한 봄
독에 묻은 김장김치처럼
인생의 가을에
다시 맛 보고 싶습니다
봄 한 포기씩…

봄의 신호

안개와 비로
나무는 보이지만
산은 숨었습니다
언 땅이 녹고
대지가 기지개를 켭니다
봄이 다다랐습니다
날 풀리니 몸도 풀리네요
한낮의 나른함이
졸음으로 꾸벅,
봄의 신호가 옵니다

술꾼은 아니지만

노랗게 익은 호박이
술이 담긴 호리병으로 보이고
참나무 토막에 핀 버섯은
부침개로 보이는구나
호박막걸리에
버섯전을 안주로
술 한 잔 생각 안 나면
거짓말이겠지

서릿발

살짝 언 땅을 들어올린
빙정氷晶다발 서릿발
해를 보는 순간
풀석 주저 앉는 약골이지만
봄이 오기 전에는
보리밭도 들어 올립니다
사각사각
들뜬 보리밭 밟던 소리
추억 속에 묻혔지만…

앵두

"앵두나무 우물가에~♪"
앵두하면 떠오르는
옛 노랫말입니다
소녀의 입술을 닮은 앵두
요즘은 여중생들이
립스틱 짙게 바르더군요
그대로가 더 예쁜데…

실베짱이

먹고 버린 감씨가
화분에서 싹을 틔웠다
연초록 감잎이 나오면
갉아 먹는 놈이 있다
범인이 누군가 했더니
거실에 숨어 사는
실베짱이 짓이었구나
이제 넌
체포 즉시 실외추방이다

냉이

성큼 다가 온 봄이
냉이보고 냉큼 나오라 합니다
낙옆과 마른 풀잎 사이
냉이가 기지개를 켜고
봄을 마중합니다
싱숭생숭
몸은 봄을 타는데
다행히 냉이가
들뜬 속을 달래 주네요

고요한 밤

세밑 도심의 밤거리는
화려하지만
한겨울 산골마을은
고요하기만 합니다
주민 거의가 노인층
추위로 출입조차 뜸하니
밤이 되면 그야말로
정적이 감돕니다
"고요한 밤~ 어둠에 묻힌 밤~♪"
이웃집이 연출한
성탄 분위기입니다

행성

햇빛이 모과에
낮과 밤을 만들었구나
가지가 없었다면
또 하나의 행성
삶도 명암이 있게 마련
잘살고 못살고…

그건 아니야

반목과 비방
분열과 갈등
무리한 주장과 요구
하늘이 X자를 그려놓고
그건 아니라고 하네
정도正道가 무엇인지
하늘 뜻 헤아리면
답이 있는데…

음나무

음나무순이 올라옵니다
특유의 향과 쌉싸름한 맛이
나물로 그만이지요
음나무 가지를 잘라 넣은
닭백숙은 약이 됩니다
특히 관절염에 효과 있고
술로 담가 먹어도 좋습니다
대문 앞에 놓아 두면
잡귀를 막는다는 속설이…
음나무 몽둥이 보면
귀신인들 안 무섭겠어요?

사자머리 해안절벽

용머리해안이 있는
제주 산방산 인근
송악산 해안절벽에는
사자머리 형상이 있다
자연이 만든 수호신
탐라의 해태獬豸다
용머리도 있고
사자머리도 있으니
돼지머리가 없다해도
액막이는 충분하다

시어골 거북바위

시어골 입구
진입로 한 가운데
동네로 기어들어 오는
거북 형상의 바위가 있다
복을 불러 들인다는
상서로운 거북이
계곡을 따라 올라왔나
건강장수마을인 줄
어찌 알고…

매미날개 단풍씨앗

봄여름엔 초록별이
가을에는 빨간별로
마른가지 낙엽지면
매미같은 단풍씨앗
바람타고 뱅글뱅글
주변으로 낙하한뒤
봄이오면 꼬물꼬물
새희망을 싹틔운다

생기

감 싹이 세상 밖으로
고개를 쳐듭니다
새 생명 탄생의 경이,
발아는 출산입니다
단단한 투구를 벗는
여린 순의 기운이
바로 생기입니다

누렁이와 곰돌이

강아지 세 마리가
한꺼번에 우르르
달려들고 기어오르고
펄쩍펄쩍 뛰어 다니고…
한참 귀여울 때
누렁이와 곰돌이가
새 주인을 만났습니다
귀여운 모습
눈에 선합니다

물구나무 세상

산과 하늘이
곤지암천 수면 위에
살얼음 매트를 깔고
물구나무를 서면
'데칼코마니'로
또 하나의 세상을 펼친다

가는 세월

햇님도 바쁜지
머무는 시간이 짧네요
세상이나 더 돌아보게
더디 가면 좋으련만
세월은 점점 속도를 냅니다
그렇게 가을이 갑니다
아쉬움 남긴 채…

유리창에 그린 수채화

번쩍번쩍
우르릉 쾅~!
성난 하늘이
호통소리를 내며
비를 쏟아 붓더니
금세 노여움이 가셨는지
유리창에 수채화를
그려 놓는다

선비 흉내

울퉁불퉁 못생긴 과일 모과木瓜지만
향이 어찌나 좋은지
곁에 두고 싶구나
'매끈한 탱자는 거지 손에서 놀고,
못생긴 모과는 선비방에 놓인다' 했는데
노랗게 익은 모과 몇 개로
잠시 선비가 된다

갈매기 벤치

안면도 백사장포구
선창가 가로등과
바다 위 노란 펜스는
갈매기 쉼터
갈매기 벤치

상추가 보디가드?

무농약 배추는
벌레 먹어 구멍 '숭숭' 예사
배추포기 사이사이에
상추를 같이 심었다
상추는 벌레들의 기피식물
심지어 뱀도
얼씬거리지 않는다고
아무튼 상추 덕 톡톡히 봤다
배추를 온전하게 지켰으니까

억새의 춤

장막을 쳤던
미세먼지가 사라지자
산이 돌아왔다
파란 하늘을 배경으로

억새의 춤판을 비춘
햇님의 조명이
늦가을의 정취를 살린다
억새의 춤을

낙숫물 소리

습설濕雪이 쌓인
지붕에서
'똑똑똑'
낙숫물 소리가
손기척을 합니다
봄을 데려 왔다고

동행

인생길이 멀고 험해도
같이 가는 길은
외롭지 않다
눈 위에 동행을 쓰고
발자국으로 낙관을 찍는다

뿌연 하늘

산동네 아침 하늘이
마치 해질녘 같습니다
날이 풀린 대신 뿌연 미세먼지로
시야가 흐립니다
햇님의 미소마저 빛이 바래네요
하늘도 제 모습 감추고
'복면가왕' 나오려나?

너랑 나랑

탱글탱글 반들반들
탐스럽게 영근
이팔청춘 체리가 예쁘다
입에 쏙 넣으면
사랑만큼 달콤할거야
아까워서 어찌 먹지
너 하나 나 하나

얼음과자

맑은 계곡물이 늘어진
다래덩굴에
얼음과자를
만들어 놓았네요
"오드득 오드득~"
얼음을 씹어 먹던
어린 시절이…

생명력

사탕수수처럼 쭉쭉
행운목이 천장에 닿았다
도리없이 싹둑
남은 줄기에서
연초록 눈이
두꺼운 수피를 뚫고 나온다
생명력이 경이롭다
다시 싹트는
행운목木, 행운목目

인연

어미의 털색을 닮은 강아지
'누렁이'입니다
무술년 개 해에 젖 뗄 때가 되었습니다
좋은 주인 만나야지요.
좋은 인연 만나면 일이 술술 풀리듯
개라고 다르지 않습니다
새해에 인연因緣의 소중함
다시금 생각해 봅니다

따끈한 행복

시월에 들어서며
단풍도 들기 전에
추위가 불쑥
아궁이에 군불 지피면
구들방의 따끈함이
행복을 데운다

배반

호미곶 '상생의 손'이
갈매기에게
손을 내어주고는

똥세례를 받는다
배려와 호의에 대한
더러운 배반

산그림자

햇님이 산을 오르는 아침
서쪽 산 위에서
동쪽 산그림자가
내려오기 시작합니다
동토凍土가 된 시어골
관악산보다 키가 큰 태화산 아래
골바람에 일조량이 적어
훨씬 더 춥습니다
콧물이 주르르~
추위가 매섭지만
햇님은 동장군의 기세를 꺾는
큰 원군입니다

대보름 달맞이

"띵 똥 땡, 주민 여러분…"
산동네 골짜기에
확성기 소리가 울려 퍼집니다
대보름 행사를 알리는
이장의 안내방송입니다
미역산 능선 위로 떠오르는
대보름달을 마중하며
한 해 동안의
액운 퇴치와 안녕을 빕니다
마음 속에 소원을 담는
달을 품어 보세요

시어골 공소

첩첩산중 맹수골짜기
자칫 잘못 들어섰다가
맹수밥이 되기 십상이라
아무도 들어서길 꺼리던
싫다 싫어 '싫어골'
천주교 박해를 피해
교인들이 숨어 들어 와
교우촌을 형성하면서
'시어時魚골'이 되었다
울린지 오랜 종탑이
공소公所를 지키는 초병이 되어
홀로 칼바람과 싸운다

무당거미

출렁다리처럼
거미줄이 요동치면
옳다, 걸렸구나
철제 바리케이드 같은
긴 다리로
걸려든 먹잇감을
멍석말듯 둘둘
거미줄로 칭칭
화려한 무당거미의 배가
남산(?)만 해졌구나
만삭처럼…

해빙

동장군이 물러가면서
얼음으로 정지된
'동작 그만'을 해제한다
계곡과 하천의 긴장이
원 위치로 이완된다
봄기운의 당도가
눈에는 아직 멀지만
귀로는 이미 들린다
졸졸졸…

민들레 홀씨

바깥은 아직
동장군의 기세가 여전
유리장벽을 사이에 두고
햇님의 미소가 번지면
마음에 아지랑이가 인다
출가를 기다리는
화분 속 민들레 홀씨
거실 창문을 열면
봄바람에 실려
사뿐하게 당신에게로…

'화和' 자로 담은 새해 소망

온화한 기색 또는 화목한 분위기를 화기和氣 라 하고
여럿이 모인 자리에서 화기에 찬 분위기가 가득한 모양을
화기애애和氣靄靄하다고 말합니다.

어울려 사는 사람들끼리 서로 뜻이 맞고 정다운 것을 화목和睦이라 하고
서로 어울려 화목하게 되는 것을 융화融和라 합니다.

마음의 평안함을 이르는 말이 화평和平이고
평온하고 화목한 것을 평화平和라 합니다.

화목하게 어울림을 화합和合이라 하고
여러 사람의 마음이 서로 화합함을 인화人和라 합니다.

얼굴에 드러나는 온화하고 환한 빛을 화색和色이라 하고
시나 노래로 맞받아 답하는 것을 화답和答이라 합니다.

서로 화합하지 못해 사이가 좋지 못한 것을 불화不和라 하고
다툼을 그치고 푸는 것을 화해和解라 합니다.

대립이나 어긋남이 없이 서로 잘 어울리고 균형이 잡힌 것을 조화調和라 하고
너그럽게 대하여 서로 화평하게 지냄을 유화宥和라 합니다.

사이 좋게 부르는 사랑의 합창이 아름다운 화음和音으로
온누리에 메아리치기를 소망합니다.

희망

탈피한 매미가
세상 밖으로 나왔다
지난 세월은 껍데기일 뿐
날자, 저 푸른 세상으로
그래, 삶은 희망이니까

한반도 상황

드넓은 얼음판 한쪽
낙차가 있는 물살이
한반도 형상을 만든다
물은 하나로 흐르는데
주변은 여전히 두꺼운 얼음
이웃은 시비를 걸고
힘센 나라는 장삿속으로
좌지우지하려 드는구나
그러나 얼음은 녹게 마련
봄은 어김없이…

정락봉

시어골을 둘러싼
태화산 줄기 정락봉
잔설이 희끗희끗
속살을 드러낸
성긴 숲 봉우리가 애처롭다
삭풍朔風에
모자도 외투도 없이
얼마나 추울까

태화산 화산

태화산 정수리에서
연기가 피어오른다
구름모자로 멋을 부리던
여느 때와 달리
김이 모락모락
연기煙氣가
연기演技였구나
구름이 연출한…

숨은그림찾기

잔디밭에서 방아깨비가
숨은그림찾기 하자네요
보호색 위장술에
얼핏 보면 그냥 풀밭
움직이는 풀이 방아깨비

쇠무릎

어찌 저리 관절 같을까
모양과 이름까지 그대로인
쇠무릎牛膝
관절염에 좋다는…
약초 알기 쉽지 않은 데
이제 너 만은 구면처럼 '척'

뽁뽁이 방한복

추위약한 감나무가
환자인냥 전신붕대
혹한에도 견딜만한
방한복을 입었으니
가을이면 주렁주렁
보는것도 기쁜인데
수확할땐 더큰보람
소쿠리에 행복소복

생선 머리토막

속초 앞바다
영금정 아래 바윗돌이
영락없는
생선 머리토막이다
설악산 산신령님이
토막 낸 생선
머리만 툭 던졌나 보다
먹을 게 없다고…

시어골의 잠 못 이루는 밤

시어골의 겨울밤은
백야현상이 생깁니다
인근 스키장
야간개장때문입니다
마치 동이 튼 것처럼
집 뒤쪽 밤하늘이 훤합니다
달빛같은 북창의 조명이
방 안을 밝힙니다
긴 겨울밤
'시애틀의 잠 못 이루는 밤'
영화 다시보기라도…

입춘

유리창을 사이에 두고
한寒나라와 온溫나라가
대치하고 있습니다
팽창과 수축의 두 기운이
팽팽하게 부딪치며
긴장의 땀방울이 맺힙니다
자연과 인위의
분계선을 사이에 두고
치열한 공방이 이어지지만
곧 온나라의 원군
입춘立春이 당도합니다
새봄의 희망이…

배고픈 백로

마을 입구 노곡천에
배고픈 백로가
먹이를 찾습니다
발도 시렵고
물고기는 없고
춥고 배고픈 것처럼
서러운 것 없는데
하천마저 얼음으로
문을 닫네요

햇살

동지冬至 무렵
산골마을 시어골은
10시 가까이 되어서야
해가 산을 넘어 옵니다
조명을 받은 듯
마을이 드러납니다
따사로운 햇살은
행복입니다

상상 여행

'독서는 가장 쉬운 여행이요,
책방은 가장 가까운 터미널이다'
서울미래유산에 선정된
오래된 모 책방에 있는 글입니다

짐 챙겨 여행을 가지 않더라도
책 속 여행은
언제든지 어디든 가능합니다
돈 안 드는 상상 여행…

사공 많은 배

정동진正東津에 있는
이색 볼거리,
산으로 간 배가 있다
유람선이 어찌된 연유로
산꼭대기에 있을까
사공이 많았나 보구나
속담이 현실이 된 것을 보니

산너머 북촌에는

산너머 스키장 동네는
밤이 없습니다
대낮같은 조명이
햇님과 임무 교대하면
스키가게까지 가세해
마을의 밤을 밝힙니다
겨울 한철은 낮보다 더 눈부신
별 볼 일 없는 동네
산너머 북촌에는
봄이 와야 밤이 옵니다.

샹냥이

나비가 개처럼
산책길까지 졸랑졸랑
바깥 일 하노라면
앞에서 얼쩡얼쩡
제 딴에는 애교지만
내게는 훼방
군불을 지피면
부뚜막에 먼저 올라갑니다
상냥한 고양이가
얌전한 강아지 흉내를…

로봇 태권브이

마징가제트 시대도 아닌데
일본이 자꾸 시비를 건다
우리에게는
평화를 지키는 로봇 태권브이가
곳곳에 줄지어 서 있는데…

새가 된 날

모처럼 파란 날입니다
햇살은 행복입니다
하늘이 유혹합니다
기분 새가 됩니다
가볍게 길을 나섭니다
어디든 발길 닿는대로
알밤 같은 행복 주으러

회춘비타민

"딱! 오도독~ 오도독~"
맛이 아주 고소하다
사람 손이 닿는 작은 나무에
기껏해야 여나문 개
비타민 E가 풍부해
'회춘비타민'으로 통하는 개암
체내 축적된 중금속 배출
최고의 명약

돌대가리 아저씨

뻔뻔하고 염치없이
철판을 깐 사람보다는
돌대가리 아저씨가 낫지만
호시절도 아니면서
두 손으로 얼굴을 받쳐
턱을 고이는 꼴이란

이색기二色旗

들판과 숲에 가로줄을 긋고
연두와 초록을 나눴다
풍요와 안정을 기치로 한
평화의 이색기
자연이 그린 화합의 깃발

사랑의 음표

전깃줄이 그린
푸른 오선지 위에
구름이 악보를 그린다
사랑 노래를 작곡하려나

저게 뭐지?

안개에 젖은 시어골
산과 하늘이 실종됐습니다
길은 습설로 질척이고
눈 녹는 지붕에서
낙숫물 소리의 간격이
점점 좁아집니다
습설이 쌓인 마을 입구 산비탈에서
멧돼지(?)가 발라당한
파레이돌리아* 현상을 봅니다

* 환시와 착각의 일종으로 애매한 시각적인 자극이
  다른 이미지로 보이는 것

맘마까까

한창 말을 배우기 시작한
어린 손자가
롤케이크 모양으로 둘둘 만
누룽지를 보더니
갸우뚱한다

"이게 뭐지?"
"아~! 맘마까까"

그래, 맞다 맞아. 맘마까까
손자의 말재롱이
누룽지처럼 고소하다

추수

한동안 마음부자로 만들었던
황금들판의 풍요가
황량함으로 바뀐다
추수가 끝난 들녘의
추수秋愁다
마치 바리캉이 지나간
머리처럼…

꽁꽁 날, 파란 날

소한小寒과 대한大寒 사이
올겨울 최강 한파
수은주가 뚝!
콧물이 뚝뚝!
온통 꽁꽁꽁!
하지만
추운 날은 파란 날입니다
모처럼 극지방같은
제 빛깔 하늘을 봅니다

손녀의 시샘

썰매에 납작 엎드려
무섭게 질주하는 스켈레톤
설날 아침
온 국민의 기대대로
윤성빈 선수가 금메달로
값진 설 선물을 선사한다
같이 경기를 보던 손녀가
거실 바닥에 엎드려
TV 속에 고정된
가족들의 시선을
가로챈다

이불 걷은 노곡천

노곡천이 잠에서 깨어
두꺼운 얼음이불을 걷어내고
모진 겨울을
세월 뒤로 밀어냅니다
얼음장 밑을 흐르던 물이
오랜만에 하늘을 봅니다
백로가 긴 목을 빼고
오리들이 유영을 합니다
장끼도 찾아 왔습니다
금수禽獸 중 새들이 먼저
봄마중을 하네요

하늘 파란 날

한파가 찾아온 대신
먼지가 사라졌습니다
하늘이 파랗습니다
마음까지 환기시킵니다
추워도
하늘 파란 날이면
끈을 놓친 풍선처럼
마음이 하늘로 올라갑니다

피아노 계단

지하철 2호선
을지로입구역
건반 위를 걷는다
계단을 밟을 때마다
도레미파솔….♪
무거운 발걸음이
풍선을 매단 듯 가볍다
을지로에 가면
나도 피아노를 연주한다

'상상초월' 초월역에서

너른 고을 광주廣州 초월에
둥근달이 떴다
판교-여주간 경강선이 생기고
초월역草月驛이 들어섰다
안성이 '맞춤'을 붙인 것처럼
이곳 사람들은 초월 앞에
'상상'을 붙인다
그래 그래
환한 달을 보며 소원을 빌듯
기분좋은 상상이라도 해야지
그것이
상상초월 꿈일지라도…

미운 손님

초대도 안 했는데
걸핏하면 찾아와서는
며칠씩이나 죽치고
물러가지 않네요
파란 하늘을
뿌옇게 만들어 놓고도
미안함을 모릅니다
염치라고는 없는
미세먼지,
아주 미운 손님입니다

곰과 도미

기묘한 바위섬이 널린
하롱베이
안데르센을 닮은
얼굴바위도 있고
곰바위, 도미바위도 있다
도미를 잡으러
곰이 남녘 바다까지…?
바위섬 형상을 소재로
동화 속에 빠진다
잠시 안데르센이 되어

물구슬

연잎 위 물방울이
바람결에 흔들흔들
또르르 떨어질 듯
초록쟁반 위에서 곡예를 한다
오목한 볼우물에 물구슬을 담아

술도둑

바삭하게 볶은 멸치
고추장에 콕,
참깨 묻혀 바로 먹는
밑반찬에 영양 간식
밥도둑이 따로 없고
안주로도 제격이니
술잔이 오죽 잘 꺾일까
이게 바로 술도둑

방아깨비

들판에서 흔히 보는
전형적인 가을곤충
뒷다리를 잡고 있으면
마치 방아를 찧 듯
아래위로 움직인다
어릴 적 농촌에서는
장난감을 대신하고
구워먹기도 했던…

목 없는 백로

얼어 붙은 곤지암천에
백로가 기운없이 서 있습니다
하천을 덮은 얼음장 때문에
한동안 요기도 못하고
배를 곯았습니다
긴 목이 쏙 들어갔습니다
허기진 백로는
얼음장이 녹는 날을
목 빠지게 기다립니다

카르페 디엠

물 흐르듯
세월이 흘러간다
유속은 나이와
비례하고
좋은 시절일수록
급류를 탄다
세월 늦추는
방법은 없다
오늘을 즐기는 것 뿐

댑싸리비

울타리 안팎 흙마당
시멘트로 덥기 전까지
마당을 쓸던 댑싸리비
'싸악 싸악~'
티끌을 쓸 때마다
불의가 쓸리고
비리도 쓸렸으면…

무모無謀

사마귀가 나를 노려보며
갈고리 같은 강한 팔로
당랑권 자세를 취한다
제아무리 무림고수(?)라도
무모함은 알아야지
제 분수도 모르고
수레에 버티던
당랑螳螂 아니던가

떫은 감

서리가 내릴 즈음이면
주황색 감이 주렁주렁
잘 익은 감을 간택한다
달달한 홍시가 되기까지
아직 설익은 감인데
성급한 게 아닌감?

박주가리 털

초겨울로 접어들며
박주가리 마른 열매가 '톡'
꼬투리 속에서 쏟아지는
명주실 같은 하얀 털
예전에는 솜 대신
도장밥과 바늘쌈지를 만들던
박주가리 털이
종자를 달고 낙하산을 편다

허영심

먹음직스럽지만
뱀 자가 붙어 외면하나
눈 밖에 난 뱀딸기
약이 되지만 맛은 없다
꽃말이 허영심
사춘기 때 나를 설레게 했던
여학생 이름도
허영심이었는데…

봄바람

연초록 봄은
이미 산정에 다다랐는데
갈대는 아직도
춤에 빠져 있다
물과 바람을 만나더니
신록의 행로와
한참 동떨어졌다

잣나무의 시위

태화산학술림에 비상이 걸렸다
불안한 잣나무들이
너도 질끈 나도 질끈
머리띠를 동여매고
생존 시위를 한다
소나무재선충이 번져
수간주사를 맞아가며…

공물貢物

블루베리가 익었다
내일 쯤 따 먹어야지
농익기 기다리다 당했다
물까치가 선수를 쳤다
헛고생에 헛물만 켰구나
나는 놈,
물까치 그놈이 상전이다

마음의 주름살을 펴주는 책
포톡스

초판 1쇄 발행 2019년 9월 3일

지은이 한종인
펴낸곳 품건축(주)
임프린트 도서출판 품
기획 & 편집 김용만
디자인 김선희

출판등록 2016년 12월 26일 제25100-2016-000077호
주소 서울특별시 동작구 동작대로1길 19, 2층
전화 02-3474-3582
팩스 02-3474-3580
도서출판 품 전자우편 poommaul@naver.com

ISBN 979-11-959941-3-7

* 이 책은 판권은 지은이와 도서출판 품에 있습니다.
* 책값은 뒤표지에 있습니다.
* 잘못된 책은 구입하신 서점에서 교환해 드립니다.
* 도서출판 품은 품건축(주)의 임프린트 브랜드입니다.

이 도서의 국립중앙도서관출판예정도서목록(CIP)은 서지정보유통지원시스템 홈페이지
(http://seoji.go.kr)와 국가자료공동목록시스템(http://www.nll.go.kr/kolisnet)에서
이용하실 수 있습니다.